TAROT
PARA
CREATIVOS

TAROT PARA CREATIVOS

21 tiradas de tarot
para (re)conectar con tu intuición y
encender la chispa creativa

Mariëlle S. Smith

*No puedes agotar la creatividad.
Cuánto más la usas, más tienes.*

Maya Angelou

PREFACIO

Le damos la bienvenida a *Tarot para creativos*, un libro que contiene veintiún tiradas de tarot para que escritores/as y creativos/as encuentren de nuevo su camino y reconecten con su musa interior.

Tarot para creativos: 21 tiradas de tarot para (re)conectar con tu intuición y encender la chispa creativa incluye tiradas inspiradas en diversos temas como las creencias limitantes, los bloqueos creativos, cómo nutrir nuestra musa interior, cómo encontrar de nuevo nuestra dirección vital, el llamado del alma, el proceso de priorización en la planificación de proyectos, y mucho más. *Tarot para creativos* es para todos/as los/as emprendedores/as creativos/as que buscan conectar con su intuición para hallar una guía en su camino creativo.

Aunque he llamado estas tiradas 'tiradas de tarot', no hay razón alguna para no mezclar y utilizar cualquier otro medio de adivinación que consideres para responder a las preguntas que aquí se plantean. Elige tu baraja de cartas de oráculo o de tarot de los ángeles favorita (personalmente he empleado ambas para la realización de este libro), o bien utiliza tus cristales o runas de preferencia. Elige aquello que te haga sentir más cómodo/a. Si durante la lectura sientes la necesidad de cambiar de método, siéntete libre de escoger aquello con lo que sientas mayor conexión.

INTRODUCCIÓN

Para mí, leer la baraja de tarot está menos relacionado con la adivinación (mirar hacia el futuro) que con la (re)conexión con la intuición. Esto no descarta que pregunte sobre el futuro, admito que lo hago. Poseo tanto baraja de tarot como cartas de oráculo y de ángeles, y en ocasiones, cuando resulta apropiado, les pregunto un poco de todo. Desde cuál es el resultado más probable en función de la dirección que deseo tomar o qué puedo esperar de algún proyecto particular.

Sin embargo, prefiero usar mis cartas para poder comprender aquello qué está sucediendo *ahora mismo*. ¿Qué podría estar haciendo en este momento (para llegar adonde quiero estar o sacar el máximo partido posible de mi situación)? ¿Qué necesito saber sobre la situación en la que me encuentro ahora mismo (antes de continuar adelante)? En otras palabras, prefiero usar mis cartas para estar presente en el momento y conectar con mi instinto.

Generalmente sabemos todo lo que hay que saber, especialmente cuando se trata del momento presente. Pero tendemos a olvidarnos. La mayoría de nosotros hemos aprendido a ignorar nuestra intuición desde una edad muy temprana. Y esto no sólo sucede gracias a nuestros padres, profesores/as y compañeros/as. Muchas sociedades no son particularmente tolerantes con aquellos que prefieren reflexionar sobre lo aprendido y desaprender lo necesario para volver a lo que en el fondo siempre supieron. Francamente, la mayoría ce sociedades prosperan porque estamos muy desconectados de nuestras intuiciones. El mundo no sería el mismo si todos estuviésemos alineados con nuestros instintos y actuáramos en base a ellos.

Nuestro centro creativo está literalmente ubicado en nuestros intestinos, y aún así muchos de mis clientes creativos están muy desconectados de su intuición. Puede parecer contradictorio pero no lo es. Haber aprendido a ignorar y distanciarnos de nuestras intuiciones no significa que estos mensajes no nos lleguen. Sí llegan. El problema es que hemos aprendido a desconfiar de ellos ya que a menudo no vienen acompañados de una explicación racional. Por este motivo, en nuestro intento de racionalizar todo aquello que sentimos o conocemos, la mayoría de nosotros/as acaba ignorando su sabiduría interior y la chispa creativa que proviene de esta misma fuente.

Cuando reprimes o niegas tu intuición e impulso creativo durante años, se hace cada vez más difícil reconectar con ellos conscientemente. Empleo el término "conscientemente" porque, como mencioné en el párrafo anterior, nunca estamos completamente desconectados/as de nuestra intuición. Seguirá hablando con nosotros/as, y cuanto menos escuchemos, más fuerte nos gritará. Para entonces, sin embargo, es posible que nos hayamos convencido tanto a nosotros/as mismos/as de que esta es precisamente la voz que debemos ignorar, y no a voz a la que debemos prestar mayor atención.

Es aquí donde entran en juego las cartas para mí. Mis cartas casi nunca me comunican algo de lo que yo no fuera ya, al menos en parte, consciente. (Si lo hacen, más tarde descubro que es porque no estaba lista para recordar esa parte, o bien fui demasiado terca en su momento para escuchar el mensaje). Sin embargo, las cartas siempre me proporcionan respuesta a la siguiente pregunta: ¿cuál de los mensajes que estoy escuchando en mi mente coincide con mi voz interior? Me ayudan a diferenciar entre lo que creo saber (porque otros me lo enseñaron) y lo que realmente sé en mi fuero interno. Las cartas, al igual que el resto de métodos de adivinación, son una herramienta que nos permite esquivar el ego y todo lo que se halla entre la persona y su voz interior.

Este es el propósito por el que se creó *Tarot para creativos*: para ayudar a artistas, ya sean escritores/as, pintores/as, tejedores/as, costureros/as, mosaiquistas, dibujantes, tatuadores/as, escultores/as, fotógrafos/as, y más, para ayudarles a (re)conectar con su intuición cuando se enfrentan con conflictos creativos. Este libro le proveerá con la tirada idónea que le permitirá reconectar con tu voz interior si está actualmente luchando con creencias limitantes, si está tratando de determinar dónde están sus fortalezas y debilidades creativas, si ha perdido el ritmo de trabajo, si está actualmente luchando con un proyecto o si ha perdido su inspiración o su musa interior.

Como ya mencioné en el prólogo, les animo a que empleen aquellos apoyos que les parezcan más adecuados según el momento, ya sea la baraja de tarot, el oráculo, el tarot de los ángeles, runas, cristales, todas las anteriores, o algo diferente. Si necesita reformular una pregunta o colocar las cartas en un orden determinado, siéntase libre de hacerlo. Estas tiradas tienen una única intención, permitirle sentirse completamente libre. Por favor, no se deje limitar por las tiradas que aquí se presentan.

Lista de contenidos

1
CREENCIAS LIMITANTES

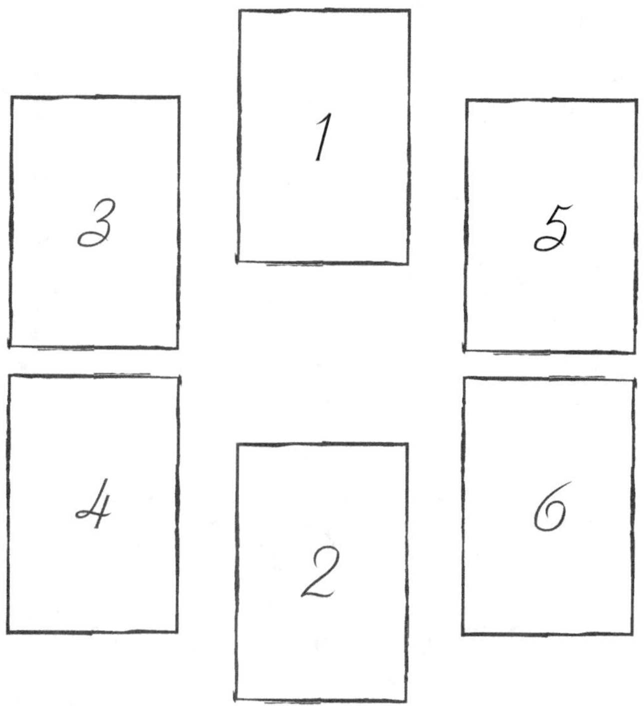

1. ¿Qué creencias limitan mi creatividad ahora mismo?

2. ¿De dónde provienen estas creencias?

3. ¿Por qué he estado aferrándome a estas creencias?

4. ¿Cuál es la consecuencia más probable en caso de no desprenderme de estas creencias?

5. ¿Qué puedo ganar liberándome de estas creencias?

6. Consejos sobre cómo abandonar estas creencias.

2
BLOQUEOS CREATIVOS

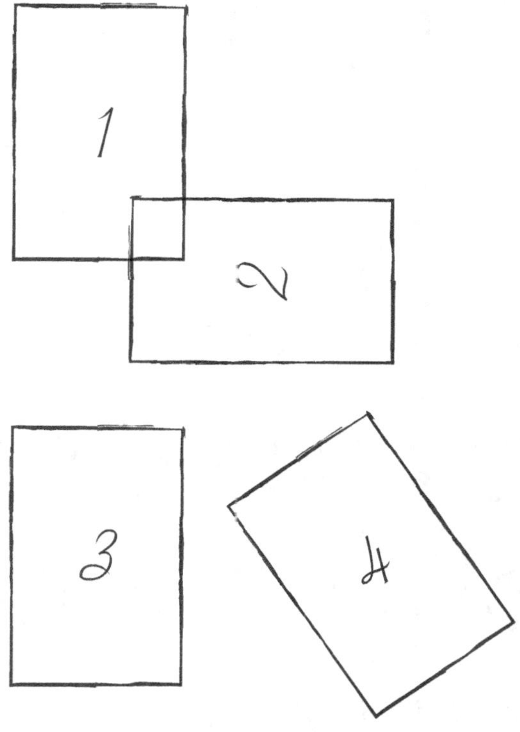

1. ¿Cuál es en este momento mi mayor obstáculo relacionado con mi proceso creativo?

2. ¿Qué no estoy siendo capaz de observar debido a este obstáculo?

3. ¿Qué está tratando de enseñarme este obstáculo?

4. ¿Qué necesito soltar para superar este obstáculo?

3
FORTALEZAS Y DEBILIDADES CREATIVAS

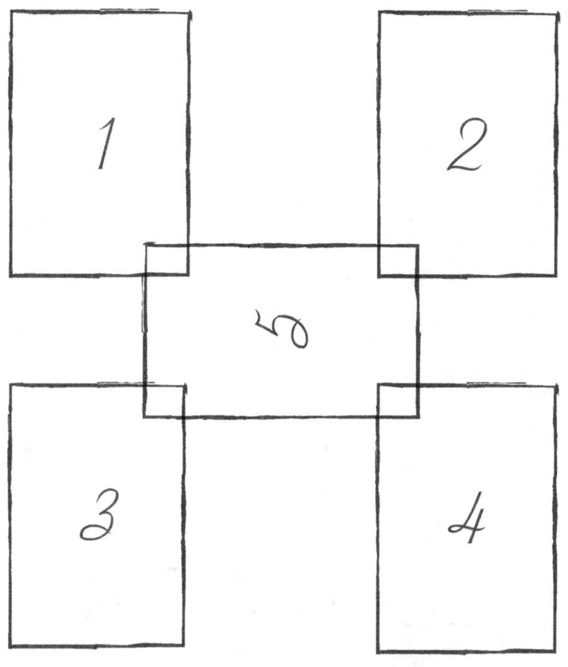

1. ¿Cuáles son mis fortalezas?

2. ¿Cómo puedo usarlas para superar cualquier creencia limitante u obstáculo?

3. ¿Cuál es mi mayor debilidad?

4. ¿Cómo puede hacerme fracasar esta debilidad?

5. ¿Cómo puedo transformar esta debilidad en fortaleza?

4

LA
LLAMADA
DEL ALMA

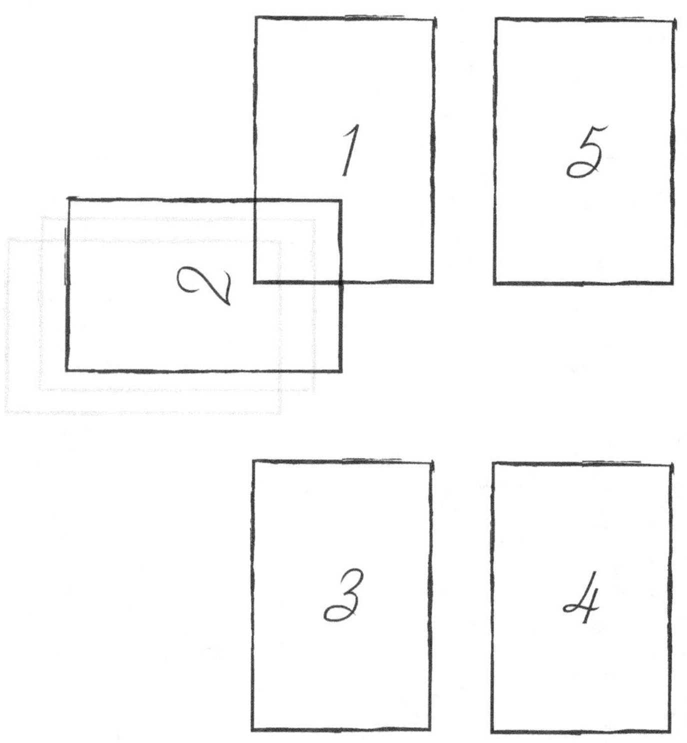

1. ¿Qué me pide el alma que cree ahora mismo?

2. ¿Qué convicciones limitantes tengo sobre este proyecto?

(Saca más cartas si es necesario.)

3. ¿Qué me impide dedicarme en cuerpo y alma a este proyecto?

4. ¿Cómo nutrirá mi alma este proyecto?

5. ¿Cómo nutrirá este proyecto el alma de otros?

5
TA, TE, TI

Priorizando entre dos proyectos

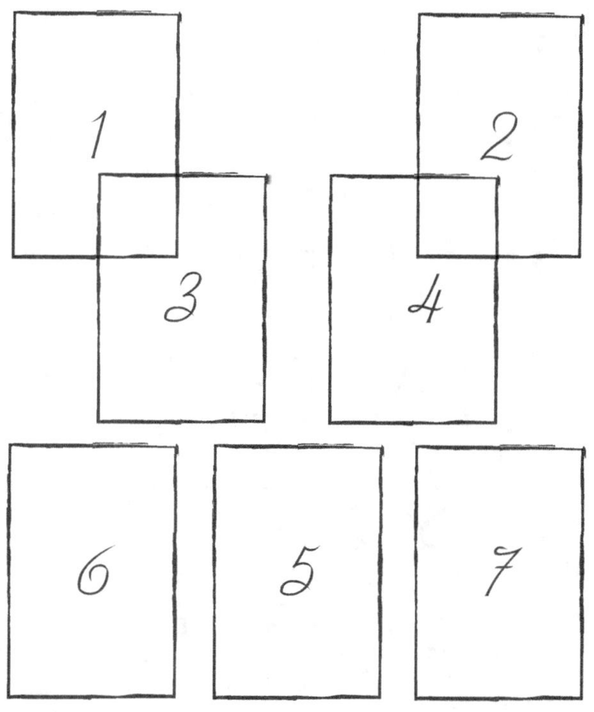

1. ¿Qué energía percibo en torno al proyecto A?

2. ¿Qué energía percibo en torno al proyecto B?

3. ¿Por qué está el proyecto A en mi vida?

4. ¿Por qué está el proyecto B en mi vida?

5. ¿Por qué entró en este momento el proyecto B en mi vida?

6. ¿Qué sucede si me quedo con el proyecto A por ahora?

7. ¿Qué sucede si me concertro en el proyecto B en su lugar?

6

TA, TE, TI, SUERTE PARA TI

Priorizando entre múltiples proyectos

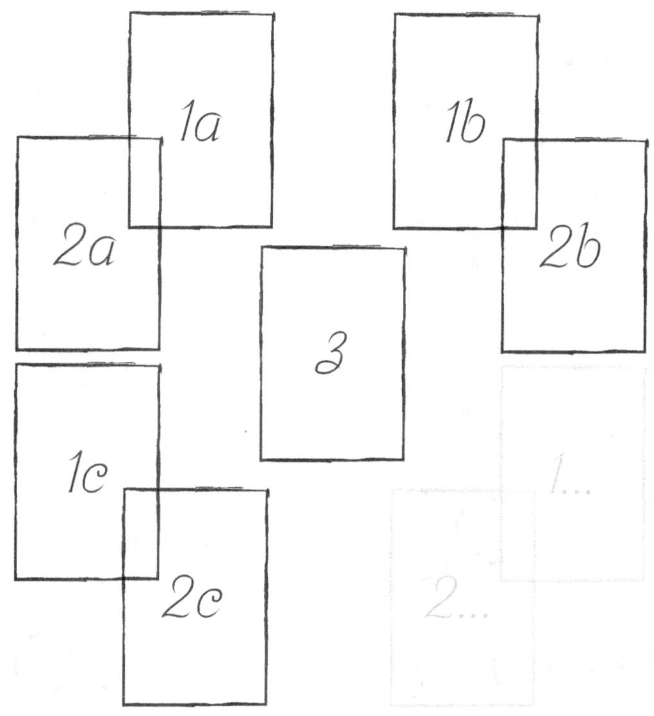

1a. ¿Por qué está el proyecto A en mi vida?

2a. ¿Qué sucede si dirijo toda mi energía hacia el proyecto A en
este momento?

1b. ¿Por qué está el proyecto B en mi vida?

2b. ¿Qué sucede si, en este momento, dirijo toda mi energía
hacia el proyecto B?

1c. ... 2c. ... 1d. ... 2d. ... 1e. ... 2e. ...

3. ¿Qué necesito saber en general sobre la priorización de
proyectos?

7

¿QUÉ ESTÁ BLOQUEANDO MI CAMINO?

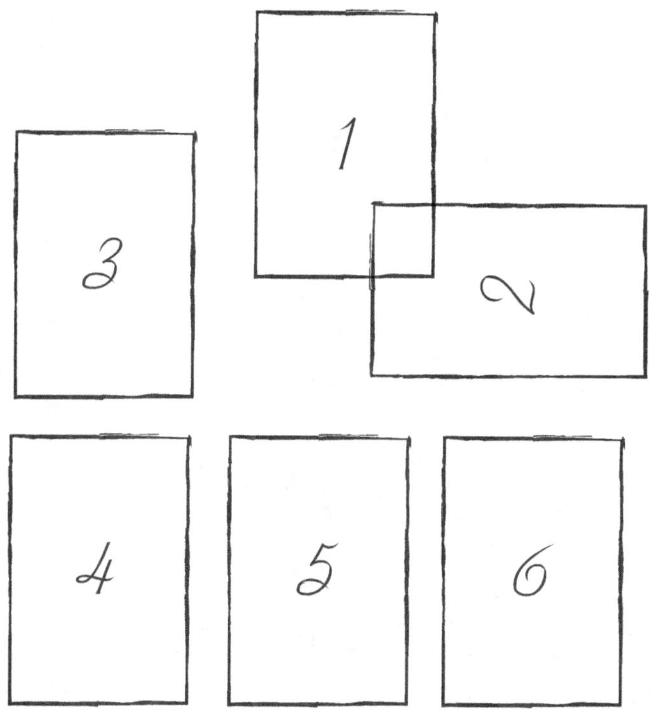

1. Describir el bloqueo por el que estoy pasando en estos momentos.

2. ¿Qué causó este bloqueo?

3. ¿Por qué surgió este bloqueo ahora?

4. ¿Qué me está impidiendo hacer este bloqueo?

5. ¿Cómo puedo superar este bloqueo?

6. ¿Qué necesito saber sobre cómo superar bloqueos en general?

8

¿CÓMO RECUPERO MI RITMO?

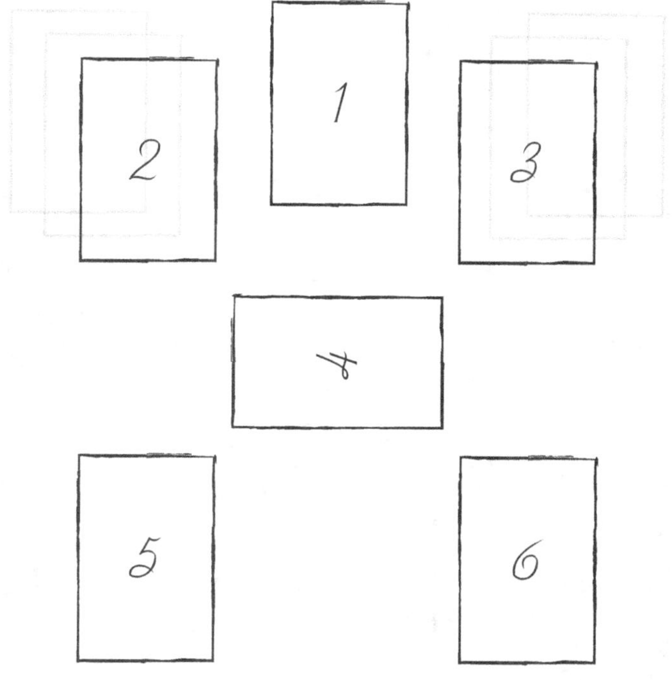

1. ¿Cómo perdí mi ritmo?

2. ¿Qué factores internos están en juego aquí?

(Saca hasta tres cartas.)

3. ¿Qué factores externos me están impidiendo trabajar mi ritmo?

(Saca hasta tres cartas.)

4. ¿Qué no estoy pudiendo ver en esta situación?

5. ¿Cómo recupero mi ritmo?

6. ¿Qué debo tener en cuenta para el futuro?

9

TENGO PERMISO...

para decir lo que necesite

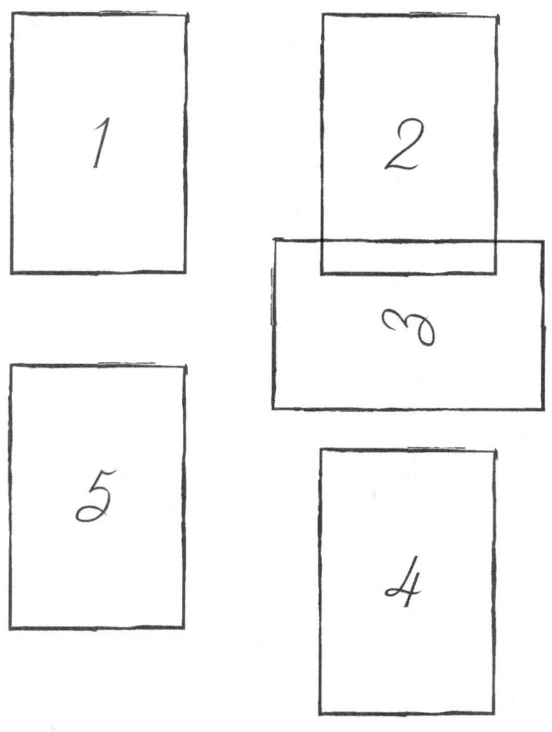

1. ¿Cuál es mi mensaje?

2. ¿Por qué necesito difundir este mensaje?

3. ¿Qué aspectos de mi mensaje tengo miedo de compartir?

4. ¿De dónde viene este miedo?

5. ¿Qué necesito abandonar para poder comunicar mi verdad completa?

10

TENGO PERMISO...

para hacer lo que necesite

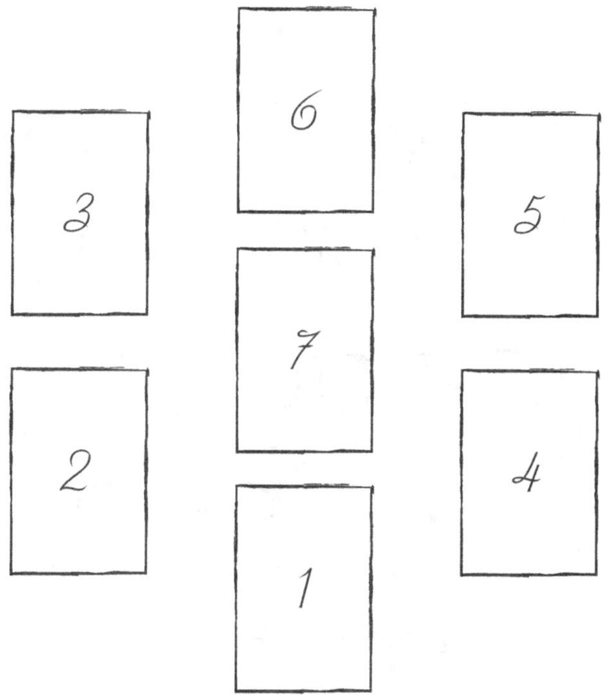

1. ¿Por qué mi trabajo creativo no es una prioridad ahora?

2. ¿Qué me impide darle prioridad a nivel externo?

3. ¿Cómo puedo superar esta limitación?

4. ¿Qué me impide darle prioridad a nivel interno?

5. ¿Cómo puedo superar esta limitación?

6. ¿Por qué necesito hacer de mi trabajo creativo una prioridad?

7. ¿En qué me beneficiaría darle prioridad a mi trabajo creativo?

11

TODO SE HA DICHO ANTES...

*pero no por mí,
ni desde mi perspectiva*

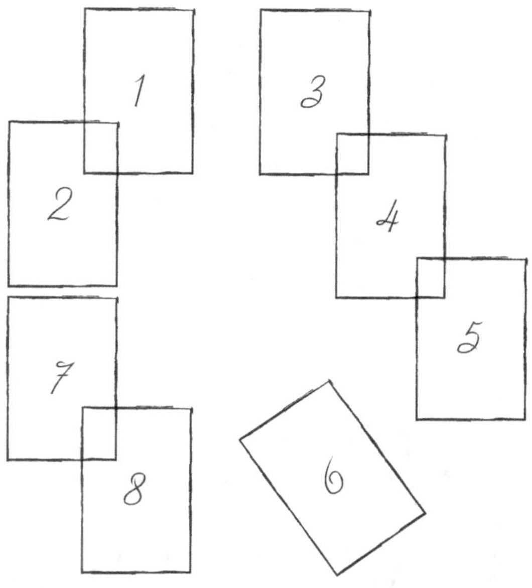

1. ¿Por qué necesito crear esto?

2. ¿Por qué siento que no tengo mucho que aportar?

3. ¿Qué tiene de especial mi punto de vista? (1)

4. ¿Qué tiene de especial mi punto de vista? (2)

5. ¿Qué tiene de especial mi punto de vista? (3)

6. ¿Qué hace que mi punto de vista sea el enfoque perfecto para este proyecto?

7. ¿Qué debo de hacer para aprender a confiar en mi perspectiva individual? (1)

8. ¿Qué debo de hacer para aprender a confiar en mi perspectiva individual? (2)

12

TODO SE HA DICHO ANTES...

*pero no por mí,
y no con mi voz*

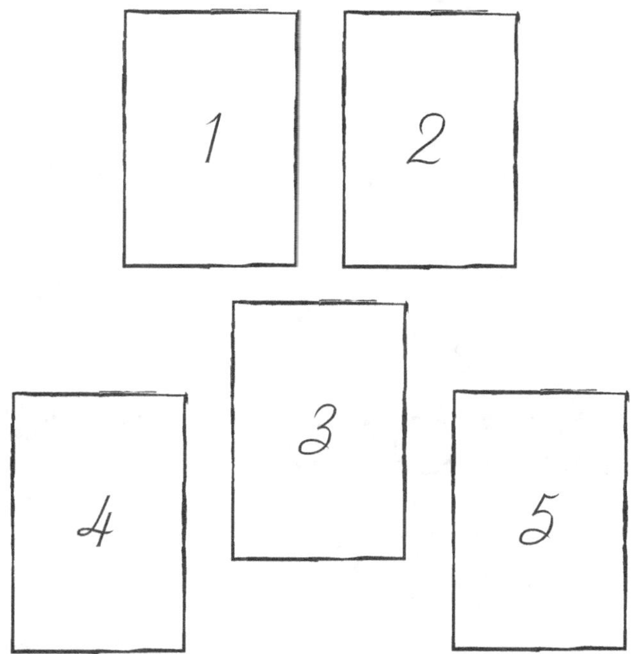

1. ¿Qué tiene de especial mi voz? (1)

2. ¿Qué tiene de especial mi voz? (2)

3. ¿Cómo se combinan mi voz y el trabajo que estoy haciendo ahora?

4. ¿Cómo puedo combinarlos de una manera única y convincente?

5. ¿Cómo puedo ser fiel a mi voz interior y no dejarme amedrentar por lo que otros/as ya han hecho?

13

RETOMANDO EL CONTACTO...

Musa, ¿dónde estás?

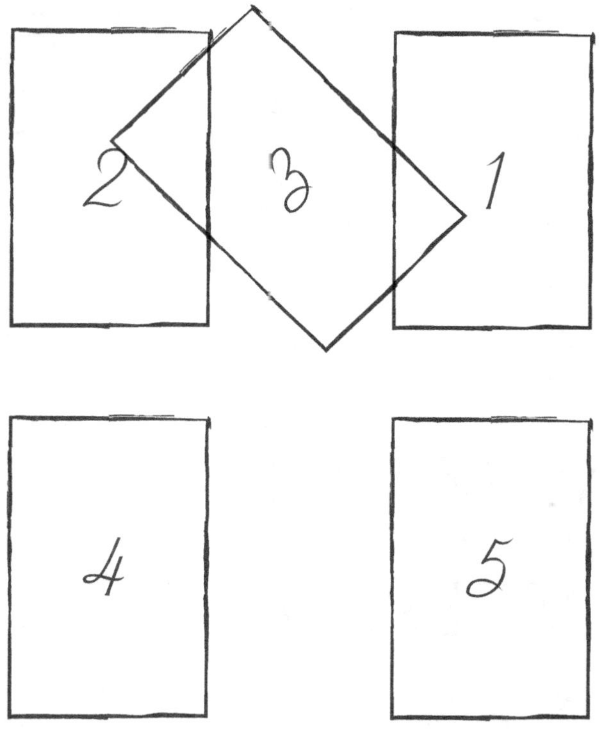

1. ¿Dónde estoy?

2. ¿Dónde está mi musa?

3. ¿Dónde nos distanciamos?

4. ¿Qué necesito saber sobre mi musa?

5. ¿Qué necesito saber o hacer para reencontrarme con

mi musa?

14

ALIMENTANDO A LA MUSA...

Musa, ¿dónde estás?

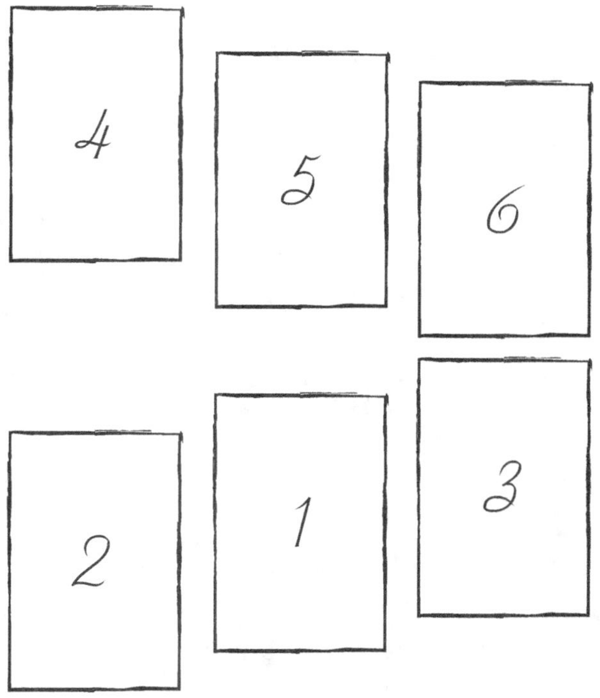

1. ¿Cómo me relaciono con mi musa?

2. ¿Dónde está la debilidad en esta relación?

3. ¿Dónde está la fortaleza en esta relación?

4. ¿Cómo puedo convertir esta debilidad en fortaleza?

5. ¿Cómo puedo crear una relación saludable con mi musa?

6. ¿Qué necesito saber sobre nuestra relación en general?

15

¿ERES TÚ O SOY YO?

La pelea

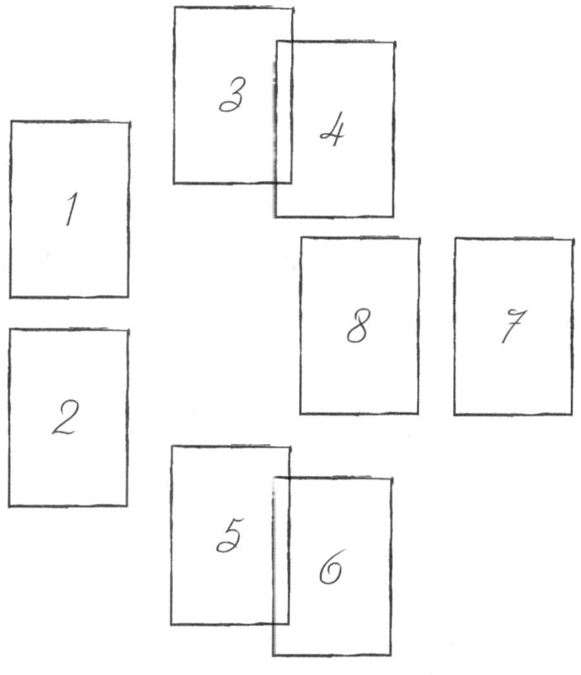

1. ¿Por qué estamos peleando?

2. ¿Cómo o cuándo comenzó?

3. ¿Cuáles son los aspectos obvios de esta pelea? (1)

4. ¿Cuáles son los aspectos obvios de esta pelea? (2)

5. ¿Qué aspectos de esta pelea están escondidos? (1)

6. ¿Qué aspectos de esta pelea están escondidos? (2)

7. ¿Qué papel juego yo en esta pelea?

8. ¿Qué papel juega el proyecto en esta pelea?

16

¿ERES TÚ O SOY YO?

La solución

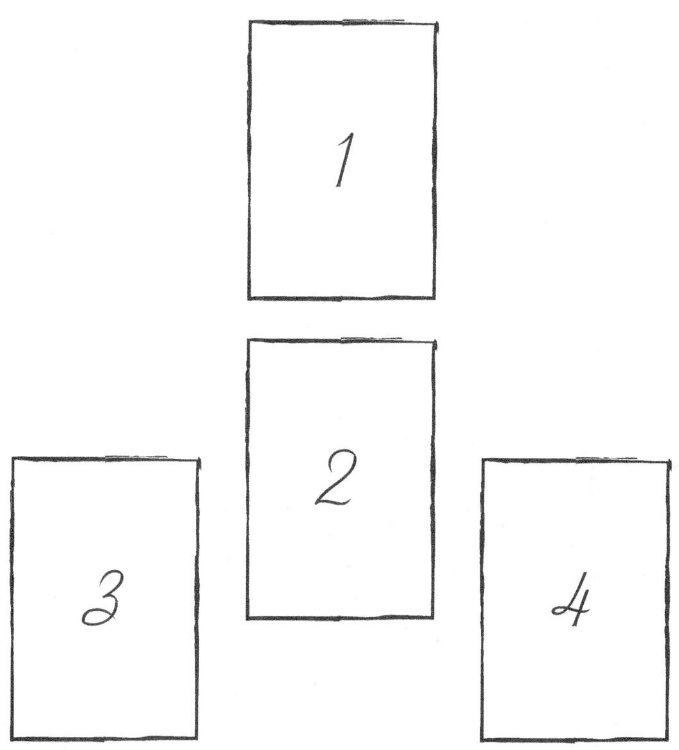

1. ¿Qué obstácu os hay en el camino?

2. ¿Cómo puedo reconciliarme con el proyecto?

3. ¿Qué lección puedo aprender aquí?

4. ¿Cómo puedo prevenir conflictos similares en el futuro?

17

¿ME QUEDO O ME VOY?

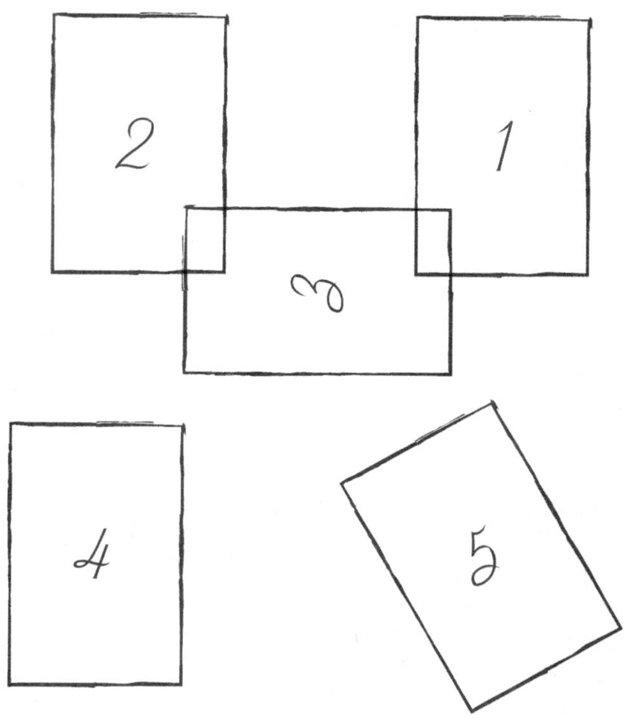

1. ¿Dónde me encuentro en este momento?

2. ¿En qué momento se encuentra mi proyecto en este momento?

3. ¿Qué pasaría si me quedase (por ahora)?

4. ¿Qué pasaría si me fuese (por ahora)?

5. ¿Qué necesito saber sobre este proyecto en general?

18

PONIENDO EL PUNTO FINAL

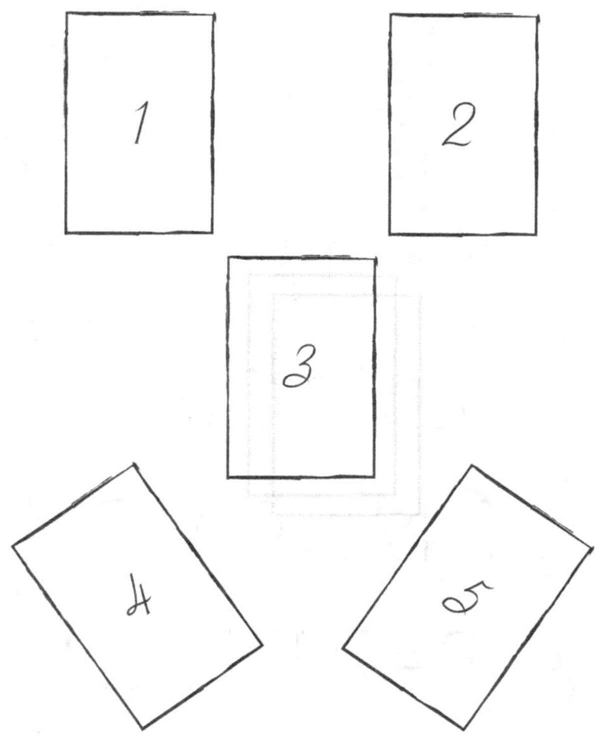

1. ¿Cómo de avanzado está este proyecto?

2. ¿Queda algo en este proyecto que requiera mi atención?

3. ¿Qué puedo hacer para finalizar este proyecto?

(Saca más cartas si es necesario.)

4. ¿Cómo sé si es el momento de pasar al siguiente proyecto?

5. ¿Qué más necesito saber para ponerle el punto final a este proyecto?

19

¿HACIA DÓNDE VOY A PARTIR DE AQUÍ?

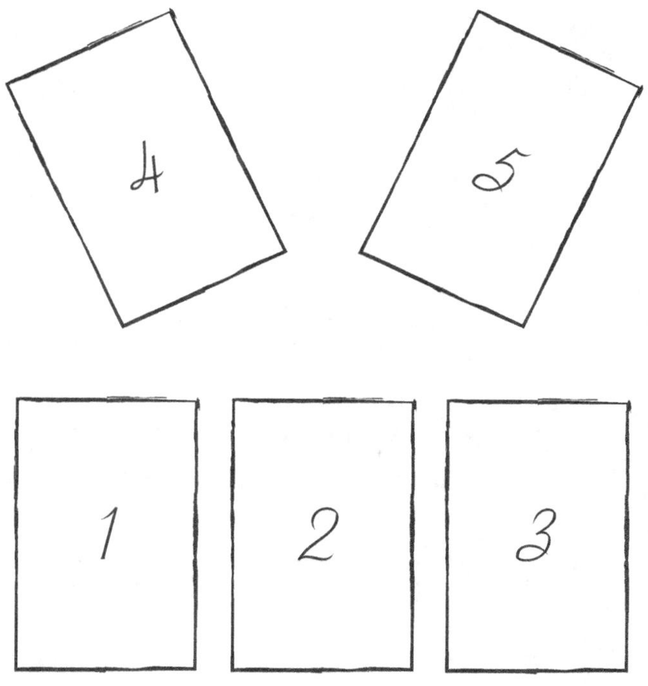

1. ¿De cónde vengo?

2. ¿Dónde estoy ahora mismo?

3. ¿Qué lecciones he aprendido?

4. ¿Hacia dónde me dirijo?

5. ¿Es esta la dirección adecuada para mí en este momento?

20

¿HACIA DÓNDE SE DIRIGE ESTE PROYECTO AHORA?

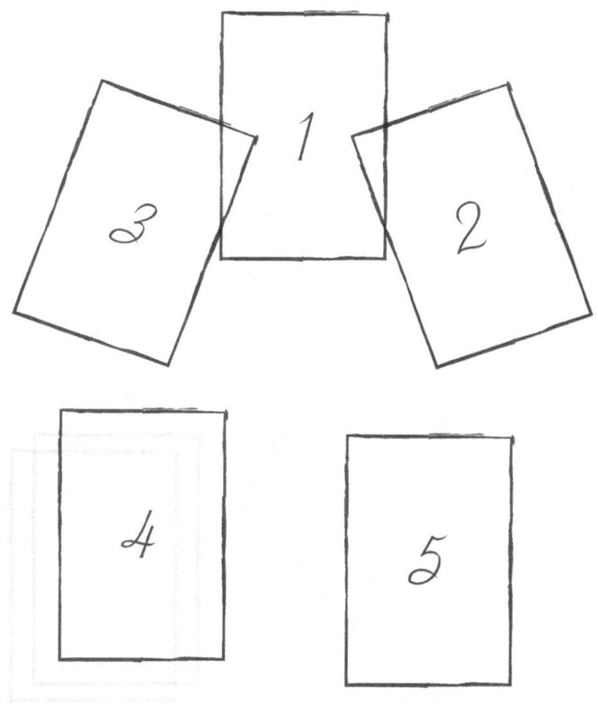

1. ¿Hacia dónde se dirige este proyecto?

2. ¿De qué información dispongo sobre este nuevo rumbo?

3. ¿De qué información no dispongo sobre este nuevo rumbo?

4. ¿Qué debo considerar acerca de este nuevo rumbo?

(Saca hasta tres cartas.)

5. ¿Qué más necesito tener en cuenta en relación a este

proyecto?

21
LA TIRADA DEL ARTISTA

1. ¿Qué me inspira?

2. ¿Qué nutre mi alma?

3. ¿Cómo mantengo la inspiración?

4. ¿Cuáles son mis puntos fuertes como perfil creativo? (1)

5. ¿Cuáles son mis puntos fuertes como perfil creativo? (2)

6. ¿Cuáles son mis debilidades como perfil creativo? (1)

7. ¿Cuáles son mis debilidades como perfil creativo? (2)

8. ¿Qué necesito saber sobre mi trabajo creativo?

9. ¿Qué necesito saber sobre mi creatividad?

POR FAVOR, NO OLVIDES DEJAR TU VALORACIÓN

Los/las autores/as no llegan a ninguna parte sin valoraciones sinceras y honestas. Apreciaría muchísimo que pudieras dejar tu valoración en Goodreads, mi página de Facebook, o bien la librería donde compraste este libro.

THE CREATIVE CARDSLINGERS

¿TE APETECERÍA LEER CARTAS EN GRUPO?

Únete a mi grupo privado de Facebook "The Creative Cardslingers" (contraseña: **AMETHYST**) para conocer a otros tiradores de cartas creativos, ser el primero en probar mis últimas tiradas, y descubrir todo acerca de los proyectos creativos en los que estoy trabajando ahora mismo. El idioma oficial del grupo es el inglés.

ACERCA DE LA AUTORA

Ofrezco servicios de coaching para escritores/as y otros perfiles creativos. Además soy editora, escritora, sanadora intuitiva y organizadora de retiros personalizados. Nací y me crié en los Países Bajos junto a mi madre holandesa y mi padre escocés expatriado, y en febrero de 2019 me mudé a la isla de Chipre, donde resido actualmente.

Lo más interesante de vivir en un lugar nuevo es que la experiencia te aporta una nueva visión de la vida y el mundo que te rodea. La mente se abre a otras perspectivas y es común hallarse a uno/a mismo/a gestando ideas nuevas así como valorando e interesándonos por ideas que en el pasado nunca llegamos a tomar en serio.

Introducir la espiritualidad en mi trabajo fue un paso aterrador, porque siempre he tratado de mantenerlos en esferas separadas. Digo 'tratado' porque muchos de mis clientes, con sus peticiones, me han obligado a integrar mi experiencia profesional con mis intereses espirituales. Algunos me contrataron para editar o traducir libros sobre temas holísticos, otros acudieron a mí para obtener mentoría y sus casuísticas precisaban una aproximación más amplia. Por otro lado, no podemos dejar de mencionar a aquellos/as escritores/as y creativos/as que ya incorporan la espiritualidad a su práctica habitual.

Durante el año pasado, he ido cambiando mi forma de trabajar, permitiendo que la espiritualidad accediera a mi espacio de trabajo. Este ejemplar es una de sus muchas manifestaciones. Espero que lo disfrutes y obtengas de él todo lo que buscas.

Existen diferentes maneras de contactar conmigo:

Website: mswordsmith.nl
E-mail: marielle@mswordsmith.nl
instagram.com/mariellessmith
facebook.com/mswordsmith

Agradecimientos

Me gustaría darle las gracias a

ANDRI por ayudarme a creer

Mis lectores beta KAREN, BETHANY, MICHELLE, JASE JAY, RAMONA, LAURA, MARCEL y SHEENA por sus elogios y sus imprescindibles y minuciosos comentarios

Mis SEGUIDORES por su apoyo interminable